Société Régionale Immobilière & Commerciale
(Provence – Languedoc – Littoral)

Dr-Gérant : **Paul MILHAUD**
1, Place d'Assas - NIMES

Téléphone N° 7.98.
R. C. NIMES : 8.809

Pourquoi vous avez intérêt

à vous constituer
ou
à vous transformer
en

SOCIÉTÉ A RESPONSABILITÉ LIMITÉE

Conformément à la Loi du 7 Mars 1925
dont vous trouverez dans cette Brochure le texte
et les Commentaires

— 1927 —
Imprimerie A. CHASTANIER : 12, Rue Pradier
— NIMES —

DES SOCIÉTÉS A RESPONSABILITÉ LIMITÉE

I. - Considérations générales

La Société à Responsabilité Limitée, instituée par la Loi du 7 mars 1925, est une Société Commerciale, quel que soit son objet, constituée entre deux ou plusieurs personnes, responsables seulement jusqu'à concurrence de leurs apports, et dont le capital est divisé en parts non négociables qui ne sont cessibles que par la voie civile et sous certaines conditions impérativement fixées par la Loi.

Elle peut avoir un objet quelconque à l'exclusion de toutes opérations d'assurances, de capitalisation et d'épargne.

Elle tient à la fois de la Société de personnes et de la Société de capitaux.

Entre les associés, elle est une Société de personnes.

A l'égard des tiers, elle est une Société de capitaux.

Elle est toujours une Société Commerciale, même si son objet est civil ; mais les associés n'ont pas la qualité de commerçants. Pour en faire partie, il faut cependant avoir la capacité de s'obliger, et même de faire le commerce, en sorte que le mineur non émancipé, l'interdit, la personne pourvue d'un conseil judiciaire, ne peuvent être associés dans une Société de cette nature ; d'autre part, le mari et la femme ne peuvent être associés dans une même Société.

La responsabilité des associés est limitée à leurs mises sociales.

La Société peut avoir une raison sociale ou seulement être qualifiée par la désignation de l'objet de son entreprise.

Son capital social ne peut jamais être inférieur à 25,000 francs ;

il est divisé en parts sociales de 100 francs chacune ou de multiples de 100 francs, qui doivent toujours être immédiatement libérées lors de la constitution de la Société.

La Société est administrée par un ou plusieurs gérants, associés ou non, qui ne sont que des mandataires révocables pour des causes légitimes et dont les pouvoirs ne peuvent être limités à l'égard des tiers.

Elle ne peut être dissoute, ni par l'interdiction, ni par la faillite, ni par la liquidation judiciaire ou la déconfiture d'un des associés, et elle n'est susceptible de l'être par le décès de l'un d'eux qu'en cas de disposition expresse des statuts en ce sens.

II. = Avantages.

La Société à Responsabilité Limitée présente des avantages considérables.

1° *Au point de vue juridique* :

Elle permet à des membres d'une même famille de mettre entr'eux, en Société, l'entreprise familiale sans être obligés de faire appel à des concours étrangers, et en limitant la responsabilité de chacun d'eux, associés, gérants ou non, au montant de ses mises sociales ; elle permet à deux co-propriétaires d'exploiter une entreprise indivise, en limitant les risques de chacun ;

Elle affranchit de la qualité de commerçants les associés, gérants ou non, et ne les expose pas personnellement à une faillite ou à une liquidation judiciaire en cas de mauvaises affaires de la Société ;

2° *Au point de vue fiscal :*

Elle limite le droit proportionnel de la patente à la valeur locative des locaux industriels, commerciaux ou professionnels, ne servant pas à l'habitation personnelle des gérants ;

Elle exonère de la taxe sur le revenu de 18 o/o les produits de toute nature des parts sociales des associés gérants ;

Elle assujettit à l'impôt de 12 o/o sur les traitements et salaires, avec abattements et exonérations à la base, les traitements des associés gérants ;

Elle ne soumet pas à l'impôt général sur le revenu les associés, gérants ou non, pour les bénéfices annuels mis en réserve, obligatoirement ou facultativement, comme cela existe, au contraire, pour les associés en nom collectif et en commandite simple ou par actions ;

Elle ne calcule l'impôt sur les bénéfices commerciaux et industriels que sur les bénéfices comptables, alors que, dans la Société en nom collectif, il grève également le salaire des associés et l'intérêt des comptes courants ;

Elle permet aussi, grâce au mécanisme des réserves, et, au besoin, d'une provision pour perte éventuelle, de reporter sur un exercice suivant le déficit d'un exercice antérieur, ce qui n'est pas possible dans une Société ordinaire de personnes, où tous les exercices sociaux conservent entièrement leur indépendance au regard du fisc.

Dans la Société à Responsabilité Limitée, les sommes faisant l'objet de réserves, — (réserve légale, ou réserves supplémentaires ou extraordinaires), — ne doivent pas être soumises à la taxe tant qu'elles demeurent la propriété de la Société et ne font l'objet d'aucune distribution.

La Société est aussi exemptée, même dans le cas de création de certificats de parts sociales, du droit proportionnel de timbre perçu dans les Sociétés par actions.

On peut conclure de ce qui précède que, d'une manière générale, la Société à Responsabilité Limitée réunit tous les avantages des autres formes de Sociétés Commerciales sans présenter les inconvénients inhérents à chacune d'elles.

Ajoutons que la transformation d'une Société en nom collectif, en commandite, ou anonyme, en Société à Responsabilité Limitée permet d'assurer à peu de frais, pour l'avenir, les avantages de cette dernière, dont la Société à transformer ne profitait pas auparavant.

Malgré tous ses avantages, on ne saurait prétendre cependant que la Société à Responsabilité Limitée doit, dans tous les cas, répondre au genre de Société qu'il convient d'adopter lorsque l'objet le permet : le choix de la forme de la Société doit être étudié avec soin avant d'être définitivement arrêté.

III. = Caractéristiques

L'article 1er de la Loi du 7 mars 1925 est ainsi conçu :

Article Premier. — « Il peut être formé, en dehors des Socié-
« tés anonymes qui sont et demeurent soumises à la législation
« sur les sociétés anonymes, des Sociétés dans lesquelles aucun
« des associés n'est tenu au delà de sa mise.

« Ces Sociétés portent le titre de Sociétés à Responsabilité Limi-
« tée et sont soumises aux dispositions suivantes :

Comme nous l'avons indiqué déjà, on voit donc que, dans les Sociétés à Responsabilité Limitée, les associés ne sont personnellement tenus que jusqu'à concurrence de leurs apports ; et c'est par cette limitation de risques que ce genre de société se différencie de la Société en nom collectif et de la Société en commandite, où les associés sont tenus sur tous leurs biens.

Elle se rapprocherait sur ce point de la Société anonyme, mais elle diffère de celle-ci sur des points importants, et notamment sur les règles relatives à la cession des parts sociales.

C'est donc bien un type nouveau de Société Commerciale, intermédiaire entre les Sociétés de personnes et les Sociétés de Capitaux.

L'article 2 stipule que la Société à Responsabilité Limitée peut être constituée pour un objet quelconque, mais interdit aux Sociétés d'assurances, de capitalisation et d'épargne d'adopter cette forme ; il est, en effet, ainsi conçu :

Art. 2. — « Elles peuvent être constituées pour un objet quel-
« conque. Toutefois, les Sociétés d'assurance, de capitalisation et
« d'épargne ne peuvent adopter cette forme ».

L'article 3 est ainsi conçu :

Art. 3. — « Quel que soit leur objet, les Sociétés à Responsa-
« bilité Limitée sont commerciales et soumises aux lois et usages
« du commerce ».

Il en résulte que la Société à Responsabilité Limitée bénéficie de la personnalité Civile ; qu'elle doit être l'objet des dépôts aux greffes des Tribunaux de Commerce et des Justices de paix ; de la publicité dans un journal d'annonces légales, et doit être immatriculée au Registre du Commerce ; qu'elle doit tenir les livres de commerce prescrits par les art. 8 et 9 du Code de Commerce ; qu'elle peut être mise en faillite ou en liquidation judiciaire ; que les contestations entre associés relèvent de la compétence des Tribunaux de Commerce ; que les actions des créanciers sociaux contre les associés non liquidateurs sont prescrites par cinq ans à dater du jour de la dissolution de la Société.

Mais, bien que la Société à Responsabilité Limitée ait toujours un caractère commercial, les associés n'ont jamais la qualité de commerçants ; les gérants, associés ou non, ne sont que des mandataires des associés, et n'ont pas, non plus, cette qualité. Ils ne peuvent donc, ni les uns, ni les autres, être mis en faillite ou en liquidation judiciaire.

IV. = Constitution = Apports = Capital Social

La constitution de la Société à Responsabilité Limitée est régie par les articles suivants de la Loi du 7 mars 1925.

Art. 4. — « Elles sont constatées soit par acte devant notaire,
« soit par acte sous seings privés.
« Si l'acte est sous seings privés, il en est dressé autant d'ori-
« ginaux qu'il est nécessaire pour que l'un reste déposé au siège
« social et les autres à l'appui des diverses formalités requises.

« Tous les associés doivent intervenir à l'acte en personne ou « par des mandataires justifiant d'un pouvoir spécial.

« Il est interdit à la Société, d'émettre pour son propre compte, « par souscription publique, des valeurs mobilières quelconques.

Art. 5. — « Le nombre des associés n'est pas limité. Il peut « être de deux seulement.

Art. 6. — « Le capital social doit être de 25.000 fr. au moins. » Il ne peut être réduit au-dessous de ce chiffre.

« Il se divise en parts sociales de 100 francs, ou de multiples « de 100 francs.

Art. 7. — « Les Sociétés à Responsabilité Limitée ne peuvent « être définitivement constituées qu'après que toutes les parts ont « été réparties entre les associés dans l'acte de société et qu'elles « ont été libérées intégralement.

« Les parts sociales correspondant en tout ou en partie à des « apports en nature doivent toujours être entièrement libérées au « moment de la constitution de la Société.

« Les fondateurs doivent déclarer expressément dans l'acte de « société que ces conditions sont remplies

Art. 8. — « L'acte de société doit contenir l'évaluation des ap- « ports en nature. Les associés sont solidairement responsables « vis-à-vis des tiers de la valeur attribuée au moment de la cons- « titution de la Société aux apports en nature.

« L'action en responsabilité résultant des dispositions du para- « graphe précédent se prescrit par dix ans à compter de la cons- « titution de la Société.

Art. 9. — « Est nulle et de nul effet à l'égard des intéressés « toute Société à Responsabilité Limitée, constituée contrairement « aux prescriptions des articles 2, 4, 5, 6, 7 et 8.

« La nullité ne peut être opposée aux tiers par les associés.

Art. 10. — « Lorsque la nullité de la Société a été prononcée « aux termes de l'article précédent, les associés auxquels la nul-

« lité est imputable sont responsables envers les autres et envers « les tiers, solidairement entr'eux et avec les premiers gérants, « du dommage résultant de cette annulation.

« Les actions en nullité et en responsabilité se prescrivent par « dix ans.

Art. 11. — « La Société à Responsabilité Limitée est, soit qua- « lifiée par la désignation de l'objet de son entreprise, soit dési- « gnée sous une raison sociale comprenant les noms d'un ou de « plusieurs associés ».

Comme on le voit, l'*article 4* impose l'acte écrit pour la constitution d'une Société à Responsabilité Limitée, mais laisse aux intéressés le choix de l'établissement de cet acte, soit par dexant notaire, soit sous seings-privés.

Dans ce dernier cas, il peut n'être dressé, quel que soit le nombre des associés, qu'un seul exemplaire destiné à être déposé au siège social ; il devra, en outre, être établi autant d'autres exemplaires qu'il sera nécessaire pour les formalités d'enregistrement et de publicité.

L'acte doit être rédigé sur papier timbré avec le concours de tous les associés intervenant personnellement ou par mandataires munis d'un pouvoir spécial.

Il doit contenir notamment les noms, prénoms et qualités des associés ; l'objet de la Société ; sa dénomination ou sa raison sociale ; le siège social ; le capital social ; le nombre et le taux des parts sociales ; la désignation des gérants avec l'indication des pouvoirs spéciaux qui leur sont conférés.

Cet acte constitue les statuts qui devront régir à l'avenir la marche de la Société.

Il doit être enregistré dans le mois qui suivra sa signature et faire l'objet, dans le même délai, des dépôts dans les greffes des Tribunaux de Commerce et des Justices de Paix (article 12).

Le dernier paragraphe de l'article 4 interdit à la Société ainsi constituée l'émission pour son compte, par souscription publique, de valeurs mobilières quelconques.

L'article 5 fixe à un minimum de *deux*, sans indication de maximum, le nombre des associés pouvant former une Société à Responsabilité Limitée ; ce nombre reste donc illimité.

L'article 6 fixe à un minimum de 25,000 fr., sans aucune indication de maximum, le capital social d'une Société à Responsabilité Limitée.

Il peut comprendre des apports en nature et en numéraire, sous la seule condition qu'ils soient immédiatement et entièrement libérés au jour de la constitution de la Société (article 7).

Ce capital doit se diviser en parts sociales de 100 fr. chacune, ou de multiples de 100 fr., toutes entièrement libérées.

Les parts sociales ne sont pas négociables et ne peuvent être mises au porteur, ni transmises par transfert et endos ; mais elles peuvent être cédées par la voie Civile en conformité de l'article 1690 du Code Civil ; dans ce cas, la cession, pour être opposables aux tiers et à la Société, doit être signifiée à cette dernière ou acceptée par elle par acte notarié.

Sauf dispositions contraires des statuts, les parts peuvent être cédées librement entre associés ; mais une cession ne peut être consentie à un tiers étranger à la Société qu'avec le consentement de la majorité des associés représentant *au moins* les trois-quarts du capital social.

L'article 8 stipule que l'évaluation des apports sera faite dans l'acte de Société, et que les Associés seront solidairement responsables pendant dix ans, vis-à-vis des tiers, de la valeur attribuée aux apports en nature ; l'évalution ainsi faite doit correspondre au montant des parts sociales attribuées aux apporteurs.

Les articles 9 et 10 prévoient certains cas de nullité de la Société, si celle-ci est constituée contrairement aux prescriptions des articles précédents, nullité qui ne peut-être opposée aux tiers, et qui engage la responsabilité des Associés auxquels la nullité serait imputable.

L'article 11 laisse à la Société le choix de sa Dénomination ou de sa Raison Sociale.

V. - Publicité

Les articles 12 à 20 de la Loi du 7 Mars 1925 concernent les dispositions relatives à la publicité à laquelle sont soumises dès leur constitution les Sociétés à Responsabilité Limitée, et à laquelle elles restent soumises pendant toute leur existence.

Ces articles sont ainsi conçus :

ART. 12. — « Dans le mois de la constitution de la Société, « une expédition de l'acte constitutif, s'il est notarié, ou un « original, s'il est sous seings privés, est déposé aux greffes de la « Justice de paix et du Tribunal de Commerce du lieu dans lequel « est établie la Société.

ART. 13. — « Dans le même délai d'un mois, un extrait de l'acte « constitutif est publié dans un des journaux pouvant recevoir « des annonces légales.

« Il sera justifié de l'insertion par un exemplaire du journal « certifié par l'imprimeur, légalisé par le maire et enregistré « dans les trois mois de sa date.

« Les formalités prescrites par l'article précédent et par le pré- « sent article seront observées à peine de nullité à l'égard des « intéressés ; mais le défaut d'aucune d'elles ne pourra être opposé « aux tiers par les associés.

ART. 14. — « L'extrait doit indiquer que la Société est à Respon- « sabilité Limitée ; son objet ; les noms des associés ; la raison « sociale ou la dénomination adoptée par la Société et le siège « social ; les personnes autorisées à gérer, administrer et signer « pour la Société ; le montant du capital social ; l'espèce et la va- « leur des apports en nature ; la clause qui attribue des intérêts « aux associés même en l'absence de bénéfice dans les termes

« de l'article 37 ; l'époque où la Société commence, celle où elle « doit finir et la date du dépôt aux greffes de la Justice de paix « et du Tribunal de Commerce.

Art. 15. — « Si la Société a plusieurs établissements ou succur- « sales situés dans divers arrondissements, le dépôt prescrit par « l'article 12 et la publication prescrite par l'article 13 ont lieu « dans chacun des arrondissements où existent ces établisse- « ments ou succursales.

« Dans les villes divisées en plusieurs arrondissements, le « dépôt sera fait seulement au greffe de la Justice de paix du « principal établissement.

Art. 16. — « L'extrait est signé par le notaire qui a reçu l'acte « de société, ou, si cet acte est sous seings privés, par un des « associés investi à cet effet d'un pouvoir spécial.

Art. 17. — « Sont soumis aux formalités et aux sanctions pres- « crites par les articles 12 et 13, tous actes et délibérations ayant « pour objet la modification des statuts et tout changement d'as- « socié.

Art. 18. — « Dans tous les actes, factures, annonces, publi- « cations ou autres documents émanés de la Société, la dénomi- « nation sociale doit toujours être précédée ou suivie immédia- « tement des mots écrits visiblement et en toutes lettres : « Société « à responsabilité limitée », et de l'énonciation du montant du « capital social.

« Toute contravention aux dispositions qui précèdent est punie « d'une amende de 50 à 1.000 francs.

Art. 19. — « Toute personne a le droit de prendre communi- « cation des pièces déposées aux greffes de la Justice de paix « et du Tribunal de Commerce, ou même de s'en faire délivrer, « à ses frais, des expéditions ou extraits par le greffier.

Art. 20. — « La Société doit être immatriculée dans le Registre « du Commerce créé par la loi du 18 mars 1919, dans le délai et « sous les sanctions déterminées par cette loi.

« La déclaration à faire au greffier, conformément à l'article 6
« de cette loi, doit contenir, outre les mentions prescrites par
« cet article, les noms et prénoms des associés, la date et le lieu
« de naissance, la nationalité de chacun d'eux, avec toutes les
« indications prescrites par l'article 4, 4°, de la dite loi.

« Les mentions indiquées dans l'article 7 de la loi du 18 mars
« 1919, doivent également être inscrites au Registre du Commerce.

« La Société devra aussi être inscrite dans le Registre central
« du Commerce, conformément à l'article 10 de la dite loi. »

L'article 12 exige les dépôts de l'acte constitutif par les Représentants de la Société dans le mois de la Constitution de la Société à R. L. dans les Greffes des Tribunaux de Commerce et des Justices de Paix du lieu dans lequel la Société a établi son Siège Social.

L'article 13 dit que les fondateurs de la Société doivent faire insérer dans le même délai dans un journal d'annonces légales un extrait de l'acte constitutif.

Les dispositions ordonnées par ces 2 articles ont un caractère impératif et sont sanctionnées par la nullité à l'égard des intéressés, nullité qui ne peut être opposée aux tiers par les associés.

Il appartiendra à ces derniers de justifier de l'enregistrement d'un exemplaire du journal, certifié par l'imprimeur et légalisé par le Maire, et ce, dans un délai de trois mois de la date de l'insertion.

L'article 14 enumère les énonciations que doit contenir l'extrait à publier, et qui doit porter la signature de l'associé qui a été chargé de remplir cette formalité, s'il s'agit d'un acte sous-seings privés, ou, s'il s'agit d'un acte authentique, celle du notaire (*article 16*).

L'article 15 ordonne les dépôts et publications prescrits par les *articles 12 et 13* dans chacun des arrondissements où existent des établissements ou des succursales de la Société.

L'article 17 soumet à la publication ordonnée par les *articles 12 et 13* tous actes ou délibérations ayant pour objet la modification des statuts, et, notamment, la création d'un établissement ou d'une succursale ; la prorogation ou la continuation de la Société au-delà du terme fixé pour sa durée ; la dissolution anticipée ; le mode de liquidation ; le changement de la dénomination ; le remplacement des gérants ; les modifications dans le personnel des associés, etc., etc.

Les articles 18, 19 et *20* prescrivent une publicité spéciale et permanente pendant toute la durée de la Société ; elle consiste :

1° dans l'obligation imposée aux Sociétés à Responsabilité Limitée d'indiquer dans tous les actes, factures, annonces, publications, ou autres documents émanés de la Société, la nature de la dite Société et l'énonciation du montant du capital social, sous peine d'une amende de 50 fr. à 1000 fr. pour toute contravention constatée ;

2° dans le droit pour toute personne de se faire délivrer copie des pièces déposées aux greffes ;

3° dans l'obligation pour les associés responsables ou les gérants de requérir dans le délai légal l'immatriculation de la Société au Registre du Commerce du Tribunal dans l'arrondissement duquel se trouve le Principal établissement ou le siège social, et ce, en conformité des articles 6, 7, 10 et 18 de la Loi du 18 mars 1919, complétée par les lois des 1er juin 1923 et 17 mars 1924.

VI. = Cession de Parts sociales

Les articles 21, 22 et 23 indiquent les conditions dans lesquelles peuvent être cédées les parts sociales ; ils sont conçus comme suit :

Art. 21. — « Les parts sociales ne peuvent être représentées « par des titres négociables, nominatifs, au porteur ou à ordre ; « elles ne peuvent être cédées que conformément aux dispositions « des articles ci-après.

Art. 22. — « Les parts socialcs ne peuvent être cédées à des « tiers étrangers à la Société qu'avec le consentement de la ma- « jorité des associés représentant au moins les trois quarts du « capital social.

Art. 23. — « Les cessions de parts sociales doivent être consta- « tées par un acte notarié ou sous seings privés.

« Elles nc sont opposables à là Société et aux tiers qu'après « qu'elles ont été signifiées à la Société ou acceptées par elle dans « un acte notarié, conformement à l'article 1690 du Code civil. »

Le premier de ces trois articles stipule que les parts sociales ne peuvent être représentées par des titres négociables, nominatifs, au porteur ou à ordre. Les deux autres ont trait à la cession de ces parts.

L'article 22, exige, pour une cession à des tiers étrangers à la Société, le consentement de la moitié des associés représentant *au moins* les trois quarts du capital social ; ce droit a un caractère impératif, et les statuts ne peuvent pas y déroger.

L'article 23 subordonne la cession à certaines conditions : acte authentique ou acte sous seings-privés, et obligation de se conformer aux règles de l'article 1690 du Code Civil.

VII. = Des Gérants

Les articles 24 et 25 de la Loi du 7 Mars 1925 stipulent :

Art. 24. — « Les Sociétés à Responsabilité Limitée sont gérées « par un ou plusieurs mandataires, associés ou non, salariés ou « gratuits.

« Ils sont nommés par les associés, soit dans l'acte de société, « soit dans un acte postérieur, pour un temps limité ou sans limi-

« tation de durée. Sauf stipulation contraire des statuts, ils ont « tous les pouvoirs pour agir au nom de la Société en toutes « circonstances ; toute limitation contractuelle des pouvoirs des « gérants est sans effet à l'égard des tiers.

« Les gérants nommés par l'acte de société ou par un acte pos-« térieur ne sont révocables que pour des causes légitimes.

Art. 25. — « Les gérants sont responsables, conformément aux « règles du droit commun, individuellement ou solidairement, « suivant les cas, envers la société et envers les tiers, soit des « infractions aux dispositions de la présente loi, soit des viola-« tions des statuts, soit des fautes commises par eux dans leur « gestion ».

Comme on peut s'en rendre compte, ces 2 articles déterminent l'Administration de la Société.

D'après l'article 24, les associés doivent nommer pour administrer la Société un ou plusieurs Mandataires, pris parmi eux ou en dehors d'eux, propriétaires, ou non, d'un certain nombre de parts, et dont les fonctions, gratuites ou rémunérées, peuvent être conférées pour un temps déterminé, ou sans limitation de durée ; cette désignation est faite dans l'acte constitutif ou dans un acte postérieur.

L'article 24 stipule, aussi, que toute limitation contractuelle des pouvoirs des gérants est sans aucune valeur à l'égard des tiers, et que leur révocation n'est permise que pour cause légitime.

L'article 25 détermine les conditions de leur responsabilité envers la Société et envers les tiers, conformément aux règles du droit commun.

VIII. - Décisions des Associés - Conseil de Surveillance

Les décisions des associés sont soumises à des règles déterminées par *les articles 26 à 31* de la Loi, qui sont ainsi conçus :

Art. 26. — « Les décisions des associés sont prises en assemblée.

« Toutefois, la tenue d'une assemblée n'est pas nécessaire « quand le nombre des associés n'est pas supérieur à vingt. Dans « ce cas, chaque associé recevra le texte des résolutions ou « décisions à prendre expressément formulées et émettra son « vote par écrit.

Art. 27. — « Aucune décision n'est valablement prise dans les « deux cas prévus par l'article précédent qu'autant qu'elle a été « adoptée par des associés représentant plus de la moitié du « capital social. Sauf stipulation contraire dans les statuts, si ce « chiffre n'est pas atteint à la première consultation, les associés « sont convoqués, une seconde fois, par lettres recommandées, « et les décisions sont prises à la majorité des votes émis, quelle « que soit la portion du capital représenté.

Art. 28. — « Nonobstant toute clause contraire dans l'acte de « société, tout associé peut prendre part aux décisions. Chaque « associé a un nombre de voix égal au nombre de parts sociales « qu'il possède.

Art. 29. — « Dans les Sociétés comptant plus de vingt associés, « il doit être tenu, chaque année, au moins une assemblée géné- « rale à l'époque fixée par les statuts.

« D'autres assemblées peuvent toujours être convoquées par le « ou les gérants, à leur défaut par le Conseil de surveillance, s'il « en existe un, et, à défaut de celui-ci, par des associés représen- « tant plus de la moitié du capital social.

Art. 30. — « Tout associé peut, par lui-même ou par un fondé « de pouvoir, prendre au siège social communication de l'inven- « taire, du bilan et du rapport du Conseil de surveillance cons- « titué conformément à l'article 32.

« Dans les sociétés de plus de vingt membres, cette commu- « nication ne sera permise que pendant les quinze jours qui précè- « deront cette assemblée générale.

Art. 31. — « Les associés ne peuvent, si ce n'est à l'unanimité, « changer la nationalité de la Société. Toutes autres modifications « dans les statuts, sauf stipulation contraire, sont décidées à la « majorité des associés représentant les trois quarts du capital « social.

« Toutefois, dans aucun cas, la majorité ne peut obliger un « des associés à augmenter sa part sociale ».

La Loi règlemente également la surveillance dans les Sociétés à R. L. de plus de 20 associés, et ce, par *l'article 32*, dont ci-dessous le texte :

Art. 32.— « Dans toute Société à Responsabilité Limitée com- « prenant plus de vingt associés, est établi un Conseil de surveil- « lance composé de trois associés au moins.

« Ce Conseil est nommé dans l'acte de société. Il est soumis à la « réélection aux époques déterminées par les statuts.

« Les pouvoirs du Conseil de surveillance sont déterminés par « l'article 10, alinéas 1 et 2 de la loi du 24 juillet 1867.

« Les membres de ce Conseil n'encourent aucune responsabi- « lité à raison des actes des gérants et de leurs résultats.

« Chaque membre du Conseil de surveillance est responsable, « soit envers la Société, soit envers les tiers, de ses fautes person- « nelles dans l'exécution de son mandat ».

IX. - Fonds de Réserve - Intérêts - Bénéfices Restitution des dividendes fictifs

La loi exige qu'un prélèvement d'une partie des bénéfices soit fait chaque année pour la constitution d'un fonds de réserve destiné à faire face à des pertes extraordinaires ou a des besoins imprévus, et le fixe à un *minimum* d'un vingtième *par l'art. 33* ci-après :

Art. 33. — « Il est fait annuellement un prélèvement d'un ving- « tième au moins affecté à la formation d'un fonds de réserve.

« Ce prélèvement cesse d'être obligatoire lorsque le fonds de « réserve a atteint un dixième du capital social.

Mais la proportion indiquée par l'*article 33* peut être augmentée par les statuts.

Il est aussi admis, qu'outre le fonds de réserve obligatoire ordonné par l'*article 33*, les statuts peuvent autoriser ou prescrire des réserves supplémentaires.

L'article 34 est relatif aux Intérêts auxquels auront droit les associés, à comprendre dans les frais généraux et même en l'absence de tout bénéfice, pendant une durée que l'acte de société doit déterminer en même temps que le taux des intérêts : il est ainsi conçu :

Art. 34. — « Il peut être stipulé dans l'acte de société, mais « seulement pour la période de temps nécessaire à l'exécution des « travaux qui, d'après l'objet de la Société, doivent précéder le « commencement de ses opérations, que les associés auront « droit à des intérêts à un taux déterminé, même en l'absence « de bénéfices. L'acte de société détermine cette période.

« Cette clause doit, à peine de nullité, être insérée dans « l'extrait de l'acte de société publié dans un journal d'annonces « légales en vertu de l'article 13.

« Le montant des intérêts ainsi payés doit être compris parmi « les frais de premier établissement et réparti avec ces frais, sui- « vant le mode et dans le délai que doivent fixer les statuts, sur « les années qui présenteront des bénéfices. »

Cette clause doit être insérée dans l'extrait de l'acte social publié dans un journal d'annonces légales.

L'article 35 est relatif à la *distribution des bénéfices* et à la restitution des dividendes fictifs.

Art. 35. — « La répétition des dividendes ne correspondant pas « à des bénéfices réellement acquis est admise contre les associés « qui les ont reçus.

« L'action en répétition se prescrit par cinq ans à partir du jour « fixé pour la distribution des dividendes. »

X. = De la dissolution de la Société

L'article 36 de la loi du 7 mars 1925 stipule :

Art. 36. — « La Société n'est point dissoute par l'interdiction, « la faillite, la déconfiture ou la mort d'un des associés, sauf, « en ce dernier cas, stipulation contraire des statuts. »

Mais les associés peuvent toujours indiquer dans l'acte constitutif les conditions dans lesquelles le décès d'un ou de plusieurs associés entrainera la dissolution de la Société.

D'autre part, les associés peuvent demander la dissolution avant le terme convenu ; mais c'est au juge qu'il appartiendra alors d'apprécier la légitimité des motifs invoqués.

La dissolution peut cependant être décidée par les associés, si ce pouvoir leur a été conféré par les statuts.

La liquidation en sera faite conformément aux règles appliquées à la liquidation des autres sociétés commerciales, si les statuts n'en ont pas réglé la procédure.

XI. - Nullité. - Sanctions

En outre des *articles 9 et 10* concernant la nullité de la Société et dont nous avons parlé plus haut, la loi a prévu, par les *articles 37, 38 et 39*, certaines sanctions, savoir :

Art. 37. — « Sont punis d'une amende de 500 à 10.000 francs « et d'un emprisonnement de quinze jours à six mois, ou de l'une « de ces peines seulement :

« Les fondateurs qui ont fait, dans l'acte de société, une « déclaration fausse concernant la répartition des parts sociales « entre tous les associés ou la libération des associés.

Art. 38. — « Sont punis des peines portées par l'article 405 du « Code pénal, sans préjudice de l'application de cet article à tous « les faits constitutifs du délit d'escroquerie :

« Ceux qui ont, à l'aide de manœuvres frauduleuses, fait attri- « buer à un apport en nature une évaluation supérieure à sa « valeur réelle ;

« Les gérants qui, en l'absence d'inventaires ou au moyen d'in- « ventaires frauduleux, ont opéré entre les associés la répartition « de dividendes fictifs.

Art. 39. — « L'article 463 du Code pénal est applicable à tous « les délits prévus par les dispositions de la présente loi. »

XII. - Variabilité du Capital Social

Cette variabilité est déterminée par *l'article 40* qui stipule :

Art. 40. — « Il peut être stipulé dans les statuts des Sociétés « à Responsabilité Limitée que le capital social sera susceptible « d'augmentation par des versements successifs faits par les « associés ou l'admission d'associés nouveaux, et de diminution « par la reprise totale ou partielle des apports effectués.

« Les sociétés dont les statuts renferment la stipulation ci- « dessus sont soumises, indépendamment des règles contenues « dans la présente loi, aux dispositions de la loi du 24 juillet 1867, « relatives aux sociétés à capital variable (articles 48 à 54). »

Le Capital Social peut donc être augmenté par l'admission de nouveaux associés ou par de nouvelles parts apportées par les associés primitifs.

De même, il pourra être réduit à la condition de ne pas être inférieur à la somme de 25.000 francs prévue comme minimum par l'article 6 de la Loi du 7 mars 1925..

L'augmentation ou la diminution devront être autorisées par voie de modification aux Statuts.

XIII. - De la Transformation d'une Société Commerciale en Société à Responsabilité Limitée

C'est *l'article 41* qui régit ces transformations ; il est ainsi conçu :

Art. 41. — « Les Sociétés en nom collectif ou en commandite « et les Sociétés anonymes, constituées antérieurement ou posté-

« rieurement à la présente loi, peuvent se transformer en Sociétés « à Responsabilité Limitée, sous réserve des droits des tiers.

« Sous la même réserve, les Sociétés à Responsabilité Limitée « constituées conformément à la présente loi pourront se trans- « former en Sociétés anonymes. »

Comme on le voit, ces transformations ne sont soumises à aucune règle particulière : il suffit que les droits des tiers soient réservés. La transformation, bien que non prévue aux statuts de la Société à transformer, n'entraine pas la dissolution de celle-ci ; elle continue à subsister, malgré son changement de forme, tant au point de vue juridique qu'au point de vue fiscal.

Toute transformation de Société doit, dans le mois de sa transformation, faire l'objet de la double publication imposée aux Sociétés nouvelles, (Dépôts aux greffes, Insertion) ; elle donne lieu aussi à une modification de l'Immatriculation existant déjà au Registre du Commerce.

XIV. - Régime fiscal

L'article 42 stipule à ce sujet :

Art. 42.— « L'impôt sur le revenu des capitaux mobiliers édicté « par l'article premier de la loi du 29 juin 1872 et l'article 31 de la « loi du 29 mars 1914, et par l'article 50 de la loi du 25 juin 1920, « ne s'applique pas, dans les sociétés prévues par la présente loi, « aux dividendes, intérêts, arrérages et autres produits revenant « aux gérants, prévus à l'article 24 de la présente loi.

« Ces sociétés sont assujetties aux communications prescrites « par les artiles 16 et 28 de la loi du 5 juin 1850 ; 22, de la loi du « 23 août 1871, et 7 de la loi du 21 juin 1875, sous les sanctions « édictées tant par ces lois que par l'article 5 de la loi du « 17 avril 1906 ».

Taxe sur le revenu des valeurs mobilières.

Le paragraphe premier de cet article exonère de la taxe dans les Sociétés à Responsabilité Limitée les dividendes, intérêts, arrérages et autres produits revenant aux gérants chargés de la direction de la Société.

Ces sommes sont considérées comme la rémunération de leur travail personnel, et doivent, à ce titre, échapper à l'impôt sur le revenu des valeurs mobilières.

Au contraire, les intérêts ou bénéfices effectivement distribués aux autres associés, qui sont considérés comme de simples bailleurs de fonds, restent soumis à l'impôt comme ayant exclusivement le caractère de revenus de capitaux mobiliers.

Si tous les associés sont gérants, il n'est dû aucune taxe.

Pour l'application et le contrôle de la taxe, la Société à Responsabilité Limitée est soumise au droit de communication des agents de l'Enregistrement.

Patente. — La Société à Responsabilité Limitée est soumise à la patente.

L'imposition pour le droit fixe est établie au nom de la Société sous la désignation de l'objet de l'entreprise à raison d'un seul droit fixe pour chacun de ses établissements ; les associés, gérants ou non, ne sont passibles d'aucune taxe du chef de l'exploitation sociale.

Le droit proportionnel est établi sur la base de la valeur locative des locaux occupés par la Société ; il ne doit s'appliquer qu'une seule fois, et ne frapper que les locaux industriels et commerciaux, à l'exception de l'habitation personnelle du gérant, si celle-ci ne sert pas à l'exercice de la profession dans des dépendances de la Société.

Taxe de Mainmorte. — Le taux est de 0,864 par franc de principal de la contribution foncière des propriétés bâties et non bâties ; le principal de la contribution foncière est égal à 18 °/o du revenu net des immeubles, c'est-à-dire du revenu qui figure au cadastre et qui représente la valeur locative brute de ces immeubles, déduction faite de 25 % pour les maisons d'habitation, de 40 % pour les usines, manufactures, fabriques, forges, moulins, et de 20 % pour les propriétés non bâties.

La Société à R. L., — personne morale divisée en parts sociales cessibles librement entre associés, et sous certaines conditions à des tiers étrangers à la Société — doit être assujettie à la taxe de mainmorte toutes les fois que, d'après les statuts, elle doit subsister après le décès de l'un des associés.

Taxe d'apprentissage. — La Société à R. L. n'est soumise à cette taxe qu'autant qu'elle a un objet Commercial ou industriel, et qu'elle paie plus de 10.000 francs de salaires annuels (Loi du 13 Juillet 1925).

Impôts sur les bénéfices commerciaux et industriels. — La Société à R. L. n'est également soumise à cet impôt qu'autant qu'elle a un objet commercial ou industriel ; le taux actuel est de 15 %.

Cet impôt doit être établi au nom de la Société ; il ne peut donc subir aucune réduction pour charges de famille des associés.

Il est calculé sur le bénéfice net réalisé pendant l'année précédant celle de l'imposition, ou dans la période de 12 mois dont les résultats ont servi à l'établissement du dernier bilan (lorsque cette période ne coïncide pas avec l'année civile), bénéfice net calculé après déduction de toutes les charges de l'entreprise, y compris la valeur locative des immeubles affectés à l'exploitation, les amortissements afférents à chaque nature de commerce ou industrie, les traitements fixes des gérants, associés ou non, et les tantièmes alloués sur les bénéfices aux gérants non associés.

Indépendamment de l'impôt sur les Bénéfices Commerciaux et Industriels, la Société peut être assujettie à l'Impôt de superposition si son chiffre d'affaires dépasse 1.000.000 de francs, et si elle a pour objet la vente au détail de denrées ou de marchandises, ou l'exploitation d'une Banque ou d'un Etablissement de crédit.

Pour les professions non commerciales, l'impôt est de 12 o/o, sauf les exonérations à la base ; il est établi en prenant pour base le bénéfice net réel de l'année précédente.

Impôt sur les traitements et salaires. — Il est aussi de 12 o/o sauf les exonérations à la base, et ne s'applique qu'aux gérants.

Les *Gérants associés* sont assujettis à cet impôt sur le montant de leurs traitements fixes *à l'exclusion des tantièmes qui peuvent leur être alloués sur le chiffre d'affaires ou sur les bénéfices* : ces tantièmes sont assujettis à l'Impôt sur les bénéfices commerciaux et industriels à la charge de la Société, et sont exonérés de la taxe de 18 o/o sur le revenu.

Les *Gérants non associés* sont assujettis à l'impôt de 12 o/o sur le montant de leurs traitements fixes ainsi que de leurs tantièmes sur le chiffre d'affaires ou sur les bénéfices ; ces tantièmes sont déductibles des bénéfices de la Société par le calcul de l'Impôt sur les Bénéfices commerciaux et industriels, et ne sont pas passibles de la taxe de 18 o/o sur le revenu.

Impôt général sur le revenu.— Les Sociétés à Responsabilité Limitée ne sont pas assujetties à cet impôt ; mais leurs membres, simples porteurs de parts, ou gérants — associés ou non — auront à comprendre dans leurs déclarations annuelles toutes les sommes effectivement mises à leur disposition à l'exclusion de celles qui, étant affectées à des réserves, ne leur auront pas été distribuées.

www.ingramcontent.com/pod-product-compliance
Ingram Content Group UK Ltd.
Pitfield, Milton Keynes, MK11 3LW, UK
UKHW020530180726
13839UKWH00005B/2422